AF336427

MÉMOIRES
D'UN SPAHIS

OU

Six ans en Afrique

PAR CHARLES PRADIER.

Ex-Défenseur au Conseil de guerre à Constantine.

VENDU PAR L'AUTEUR.

Toute reproduction de cet ouvrage est formellement interdite et sera poursuivie par l'auteur.

—

PARIS — 1852.

MÉMOIRES

D'UN SPAHIS.

APERÇU HISTORIQUE SUR L'AFRIQUE.

L'Afrique fut d'abord habitée par des hordes de sauvages; puis tomba sous la domination des Carthaginois, des Romains, des Arabes qui eurent leur époque de gloire, mais qui, devenus pirates, nous inquiétèrent sans cesse par leurs descente sur notre littoral où ils enlevaient nos femmes, nos enfans, qu'ils traînaient en esclavage.

Ce fut alors que la France, poussant un cri de douleur, de rage et de vengeance, résolut de ne pas laisser de tels crimes impunis, et que commença par la prise d'Alger une série de triomphes qui continua par celle de Gigelli, Bone, Mostaganem, Oran, Stora, Phileppeville, Smendou, El-Arrouch, El-Kontour, et se termina, enfin, par la prise de Constantine, la reddition forcée d'Abd-el-Kader et la pacification entière de l'Algérie, prix de nos longs et glorieux combats.

Description de la province de Constantine.

Comme c'est celle que j'ai particulièrement habitée pendant cinq années et demie, c'est de celle-là surtout que j'ai à vous parler, aussi vais-je essayer de l'esquisser largement.

On aborde à Stora, petit bourg situé sur le rever

des montagnes de la Kabylie, et bien voisine, par conséquent, de ces fameux montagnards dont la soumission est presqu'impossible, parce que leurs montagnes et leurs forêts les rendent insaisissables ; puis Phileppeville, gracieusement bâtie dans une vallée, le port de mer et la clé de la p ovince de Constantine, après une journée de marche, et à 32 kilomètres environ. vous trouvez El-Arrouch, camp formé par le troisième bataillon d'Afrique, puis Smendou, Toumiette et son col escarpé, El-Contour, le Marais, d'où l'on aperçoit Constantine, cette ville imprenable, ce nid d'aigle posé sur la cîme d'un rocher à pic : visitons cette ville, et tout essoufflés, arrêtons-nous un moment près de la mosquée en face la porte de la brèche. De là, regardons les murs des maisons qui bordent les remparts naturels de granit. et comptons, s'il est possible, toutes les traces qu'y ont empreints nos boulets. Entrons et visitons le palais d'Achmet-bey, celui qui captif, dans une marche forcée, disait, en parlant de ses seize femmes, à l'officier qui se plaignait qu'elles retardaient la marche :
— Que veux-tu ? ce sont de pauvres femmes, elles craignent la fatigue et la chaleur ; cependant, si elles te gênent, fais-leur couper la tête.

Suivez-moi maintenant dans un autre lieu témoin de ses cruautés ; vous êtes sur la roche d'El-Kantara, ne vous penchez pas trop, le vertige pourrait s'emparer de vous. Cet abîme à 4 ou 500 mètres de profondeur, ce mugissement qui se fait entendre c'est celui d'un torrent, le Rummel, il sape cette muraille colossale de granit.

Eh bien ! lorsqu'une femme de son sérail avait le malheur de lui déplaire, Achmet-bey faisait un signe, deux schaous (les schaous sont les bourreaux) s'emparaient de la malheureuse, la liaient dans un sac, puis la portaient sur le bord du ravin, là, ils la balançaient deux fois, la lançaient dans l'espace ; on entendait un cri, puis un bruit sourd, et tout était fini, la justice assassine du bey venait de s'accomplir. Le lendemain on retrouvait quelquefois sur les bords du Rummel, un lambeau de toile souillé de sang et lacéré, puis plus loin quelques ossements qui, trop durs, avaient résisté à la dent acérée du chacal et de la hyène, derniers et dignes acolytes de cet atroce bourreau. Laissons la Casbah construite par les Français, sortons de Constantine; jetons en passant un coup-d'œil sur le Bardo: c'est le quartier de la cavlerie; montons sur le Coudiatati et saluons cette pyramide: c'est là que le brave général Damrémont fut tué en visitant sa batterie de brèche qui nous livra Constantine. C'est là qu'un boulet de canon, parti des murs, vint briser cette illustration de la France. Continuons notre route, voici la Fontaine-Romaine, Eïn-Fourchi, non habités; Batna, jolie vallée, chaude l'hiver, froide l'été, sol fertile, végétation riche et facile, aussi les Européens y affluent, et nul doute que Batna ne devienne un jour une ville considérable et qui aura son importance dans nos possessions d'Afrique. Quittons Batna et parcourons cette nature morte, aride et hideuse, passons cette rivière quatre, cinq, six fois, nous la passerons sans doute encore; oui, je l'entends déjà gronder; elle passe dans cette gorge où nous allons passer aussi. Dieu! que ce site est horrible, il fait presque nuit: deux roches à pic semblent menacer nos têtes et devoir tomber pour nous écraser, pas un arbuste, rien ne doit vivre, ne doit respirer, tout au contraire annonce que la plante doit y périr, pas un rayon de soleil: Avançons: nous voici sur un pont, il est construit par les Romains; à droite, à gauche, des murailles grises; sous nos pieds un torrent qui gronde avec fracas et vient se briser contre ces blocs immenses entassés on ne sait comment par ce peuple de Titans. Tout doit inspirer l'horreur et l'effroi, et, malgré moi, cependant, ma main a serré la bride de mon cheval, et je suis là, muet, immobile, regardant se dérouler à mes yeux, en magnifique panorama, la luxuriante forêt des Palmiers d'El-Kantara. El-Kantara, paradis aux délicieux jardins, où croissent l'oranger, le figuier; où mûrit la grenade, le raisin, enfin les fruits les plus succulents; puis bientôt El-Outaia et enfin Biskara. Visitons la Casbah, ou maison fortifiée construite en terre, briques cuites au soleil; elle était alors sous le commandement de M. de Saint-Germain, mort en soldat aux Zaatcha. Pour ceux qui y sont allés comme moi, je leur demanderai s'ils ont coupé pour la rapporter en France une canne de palmier sur la tombe de Petit-Gand, Borot, Crotchart et Fitscher, officiers de Turcos, égorgés misérablement par les Arabes après la prise de Biskara.

Maintenant, si mes lecteurs, qu'ils y soient allés ou non, veulent me suivre, je les ferai monter sur la mosquée; qui de lieu saint est devenue ce que l'on appelle en anglais *necessary house*, et je leur montrerai le grand désert de Sahara et les oasis si nombreuses près de Biskara, si rares plus loin; car de même que les îles sont plus nombreuses sur la mer, aux approches d'une grande terre, ainsi les oasis qui sont les îles de cet immense océan de sable, sont-elles plus nombreuses sur ses bords; c'est ainsi que je leur montrerai, dans un rayon de 8 ou 10 lieues d'étendue, Kanga, Bou-Chagroun, Tolga et une foule d'autres dont le nom m'échappe, toutes plus fertiles, plus gracieuses, plus riantes les unes que les autres.

Mais franchissons-les et nous n'en trouverons plus de si tôt : nous sommes dans le Désert, les chevaux enfoncent dans le sable, la chaleur est étouffante, le soleil est de plomb, l'air est épais, on ne respire que du sable, la soif brûle les hommes et les animaux; Djerid, mon beau coursier, un arabe à la prunelle ardente, au sabot léger comme l'aile de l'hirondelle, s'est abattu; il fouille le sable avec ses naseaux pour y chercher la fraîcheur. Un frémissement sourd s'est fait entendre, un vent brûlant vient par raffales battre nos visages; les yeux, les narrines, la bouche aspirent un sable vitrifié. Tout le monde s'est prosterné la face contre terre, car ce sont les signes précurseurs du *simoun*, du *sirocco*. Tenez, le voilà qui mugit; il déplace des montagnes de sable, il en roule les atomes dans ses monstrueux tourbillons; il en forme une pyramide gigantesque qui s'accroit, grandit; c'est une trombe; elle accourt vers nous avec une effrayante rapidité : si elle se rompt au-dessus de nos têtes, priez Dieu, vivants, vous êtes ensevelis; elle est passée; debout, enfants, le simoun s'apaise; les chameaux, ces vaisseaux du désert, se lèvent; ils marchent, on les suit, voici de l'eau; ils ont su la trouver mieux que nous.

Voilà le Désert; maintenant que je vous ai fait connaître la province de Constantine, je vais vous décrire les mœurs et coutumes des peuples qui l'habitent en particulier, et des Arabes en général.

Mœurs et coutumes des Arabes.

Les Arabes sont Musulmans, ils croient en Dieu et en Mahomet; le premier chapitre de leur évangile (*le Koran*) commence ainsi : *Laïla Laïlala, Mohammed ras Ollah*, ce qui veut dire Dieu est Dieu et Mahomet est son prophète; leur religion leur défend l'usage des boissons fermentées; cependant, depuis la conquête, une grande quantité d'Arabes qui sont en relations continuelles avec les Français ont fait bon marché de cette loi, et vont souvent jusqu'à l'ivresse

Il est à remarquer cependant que ce vice assez commun maintenant à la classe des nègres et des Arabes, serviteurs ou manœuvres, est excessivement rare chez l'homme aisé, commerçant, bourgeois ou chef.

En revanche de cette privation que leur loi leur impose, elle leur promet un paradis peuplé de houris ou vierges, plus belles les unes que les autres, et leur permet, ce qui est bien plus certain, d'en avoir autant ici bas, qu'ils peuvent en nourrir. Dieu sait si les riches ont usé et usent encore de ce droit.

La fille est vendue par son père 100 douroz ou plus selon sa beauté; dès qu'elle est achetée, elle devient l'objet acquis, le meuble de l'acheteur. A part ce marché d'esclaves et le désagrément qui résulte pour elles de l'obligation où sont les Mauresques de ne sortir que voilées; elles sont assez heureuses dans la classe aisée, elles ont des femmes pour les servir, et n'ont d'autre occupation que de plaire à leur mari et de se teindre les sourcils et le bout des doigts.

Mais si la plus malheureuse des femmes françaises
voyait la femme du pauvre couverte de haillons, les
jambes et les épaules nues, écrasée sous le poids
d'une peau de bouc d'une contenance de 40 à 50
litres d'eau, qui ruisselle sur elle, si une de ces
femmes qui se plaignent sans cesse à tort où à raison,
la voyait, dis-je, cheminant à pied, courbée et chan-
celante, tandis que son mari, monté sur un âne, la
suit en fumant son chepsi, combien elle bénirait
Dieu d'être née française et d'appartenir à une na-
tion où la femme est considérée comme l'ouvrage le
plus beau de la création, comme la source d'où nous
vient bonheur et tristesse, amour et regret, enfin,
comme l'arbitre de nos destinées.

L'Arabe est généralement paresseux pour le tra-
vail manuel ; il adore le far-niente, le repos oisif, il
ne s'éveille de son apathie que pour la guerre, il aime
son cheval et son fusil plus que sa femme ; il est
sobre, quelques dattes, du couscoussou, c'est-à-dire
un peu de farine humectée d'eau et durcie au bain-
marie, voilà sa nourriture. Il est peu communicatif,
dissimulé, se servant toujours d'un détour p ur ari-
ver au fait, excessivement rusé ; du reste, observa-
teur sévère des lois de l'hospitalité, il défendra au
péril de sa vie l'homme qui a mangé du sel avec lui
ou fumé dans son chepsi ; il croit à la fatalité ; j'en
ai vu à qui l'on demandait pourquoi ils avaient volé
ou assassiné, ils répondaient : Dieu l'a voulu. Nous
allons le voir à la guerre.

Ses armes sont le moukala, fusil d'une longueur
excessive qui ressemble à nos canardières : le yatagan, espèce de grand couteau-sabre recourbé en
dedans et les pistolets ; il préfère combattre à cheval ;
il ignore les manœuvres : ils chargent en poussant de
grands cris, puis, lorsqu'ils sont chargés, ils s'enfuient
et tirent parfaitement en arrière penchés sur leurs
chevaux ; ils chargent leurs armes au galop, ils sont,
surtout les montagnards, infatigables ; excellents ca-
valiers, ils ont des chevaux d'une impétuosité et
d'une légèreté incomparable ; s'ils évitent la bataille,
ils harcèlent l'ennemi par des attaques nocturnes,

par des embuscades : il n'est pas rare de voir une montagne où l'on ne voyait absolument rien, se hérisser d'arabes qui n'attendaient qu'un signal pour quitter leur immobilité qui les faisait ressembler à des pierres dont leurs burnous ont la couleur. Il arrive quelquefois aussi qu'un factionnaire au poste avancé verra s'avancer vers lui petit à petit, pas à pas. pour ainsi dire, une touffe de broussailles ; malheur à lui s'il n'y prend garde, lorsqu'elle sera tout près, l'arabe qui la portait et se cachait derrière elle, la laissera tomber, s'élancera de sa cachette mobile, et, du revers de son yatagan, fera voler à ses pieds la tête du malheureux soldat.

C'est ainsi que les Arabes ont fait la guerre aux Français, c'est contre de pareils ennemis qu'était dirigée la première expédition à laquelle j'ai assisté et la plus malheuse de toutes. celle des Bou-Thaleb qui fut appelée en France du nom, Colonne de la Neige ; ce fut, moins la quantité d'homme, une seconde retraite de Moscou. Le 3 janvier la neige commença à tomber, et un mois après on voyait encore arriver à l'hôpital de Sétif, des hommes exténués qui avaient jeté armes et bagages afin de pouvoir marcher ; malheureux à qui il fallait amputer pour la plus part une oreille, deux ou trois, doigts, une main, un bras, une jambe. Ils en avaient tant vu mourir qu'ils se trouvaient encore heureux d'en être quitte à ce prix là. Puis de plus heureuses expéditions nous ont consolé de celle-là, celle des Aurèzes sultanes, des Ouled-Djellel, de Collo, et enfin de Zaatcha la dernière qui ait eu quelqu'importance.

Maintenant, chers lecteurs, je vais terminer en vous racontant un duel entre deux arabes dont j'ai été témoin oculaire , et une chasse au lion dans laquelle j'ai été acteur.

Un Duel au Désert.

Elle était bien belle, Fatma, belle comme une des houris promises par le prophète; si quelque croyant l'avait vue dans un bain, il aurait sans doute cru qu'elle avait laissé dans le ciel son haïck étoilé. Son œil noir comme la nuit lançait des éclairs, ses sourcils bien arqués et ses longs cils d'ébène n'eussent jamais reçu de l'art une couleur comme celle que la nature leur avait donnée; à ses poignets ronds et dorés par le soleil étaient des bracelets d'argent, et de lourds anneaux du même métal dans lesquels se jouaient deux chevilles fines et cambrées, retombaient sur des pieds qui eussent fait envie à une fée.

Elle était bien belle Fatma, si belle, que tous les jeunes gens de la tribu des Béni-Saia eussent renoncé pour elle à toutes les joies du septième ciel.

Deux surtout la suivaient en tous lieux, baisant la trace de ses pas à peine empreints sur le sable. La nuit, tous deux étaient devant sa tente chantant leur amour effréné.

Elle était bien belle, Fatma, bien belle quant elle chantait une chanson d'amour, bien belle quand elle dansait au son de la guzla, la voluptueuse deni daïda.

Tous deux étaient beaux, vigoureux, jeunes, l'un, était de la tribu des Béni-Saïa, il avait vingt ans, il s'appelait Ben-Saïd (le fils du lion), c'était son fiancé.

L'autre était de la tribu voisine des Beni-Ahmed, il avait vingt-deux ans, on le nommait Abou-Bekr.

Un soir, tous deux se rencontrèrent seuls. Leurs yeux brillèrent comme ceux du tigre ou du lion.

C'est qu'elle était bien belle Fatma, la fiancée de Bén-Saïd.

C'est ma fiancée, dit celui-ci. — Je l'aime, répondit Abou-bekr.—Il faut que l'un de nous meure, reprit Ben-Saïd, viens.

Et ils se prirent par la main et ils commencèrent une course furieuse; arrivé loin des tentes, ils s'arrêtèrent, quittèrent leurs vêtements et s'assirent sur le sable, les jambes repliées, en face l'un de l'autre; leurs haleines se mêlaient, ils se touchaient presque, chacun d'eux tenait dans sa main droite un couteau bien affilé. Ils restèrent un instant immobile, se dévorant du regard, puis, Ben-Saïd leva le bras et décrivit un sillon sanglant du haut en bas sur la poitrine de son ennemi, celui-ci ne sourcilla pas, mais d'un geste rapide, il traça un sillon semblable sur la poitrine de Ben-Saïd ; ce dernier, sans tréssaillir en traça un second sur la poitrine d'Abou-Bekr ; ces deux coups formèrent une croix sanglante qui partait des deux épaules et finissait aux deux hanches ; Abou-Bekr ne frémit même pas, il en rendit un semblable à Ben-Saïd ; aucun muscle de sa face ne bougea : Pendant longtemps ils se battirent ainsi, se rendant mutuellement chaque coup plus ou moins profond. Ni l'un ni l'autre n'avait sourcillé ; ils se fascinaient du regard, une large mare de sang leur servait d'arène. Enfin, fatigués de la lutte, sentant que leurs forces commençaient à s'épuiser ; craignant l'un et l'autre de ne pas tuer son rival, tous deux levèrent simultanément le bras : les deux couteaux retombèrent pour s'enfoncer jusqu'au manche dans chaque poitrine. Ils ne firent plus un mouvement, la mort vint raidir leurs doigts, et, lorsqu'on les retrouva, ils étaient encore assis, chaque main tenant une lame, chaque lame dans une poitrine. Leurs yeux dilatés et atones étaient effrayants à voir.

Ils étaient morts tous deux jeunes, beaux et courageux.

Mais elle était si belle Fatma, la fiancée de Ben-Saïd !...

Une Chasse au Lion.

C'était à Sétif ; Gérard, le fameux tueur de lions, était venu en France recevoir les justes éloges dûs à sa bravoure, à son adresse et à son sang froid réellement prodigieux.

Des Arabes d'une tribu voisine, vinrent se plaindre qu'un lion les inquiétait et les rançonnait désagréablement en enlevant chaque jour une tête de bétail.

Un officier de chasseur d'A'frique résolut de chasser ce lion et demanda des hommes de bonne volonté pour l'y accompagner. Je fus du nombre de ceux-ci.

Nous partîmes donc tous armés de fusils à bayonnettes, l'officier avait un fusil de chasse et une paire de pistolets, le maréchal-des-logis chef avait un fusil de chasse seulement.

On bat toute la matinée la vallée et la montagne
où l'on supposait être le repaire, on ne voit rien.

Nous allions rentrer à Sétif et nous traversions un
fourré très-épais, quand soudain les Arabes qui nous
guidaient reviennent sur nous en criant: saïd menna,
saïd menna. Le lion est ici, le lion est ici.

Nous prenons donc nos dispositions, mais par
malheur l'épaisseur du fourré nous empêche de nous
réunir et nous sommes éparpillés au lieu de former
une masse pour recevoir l'animal. Le maréchal-des-
logis-chef qui était en avant l'aperçoit le premier, le
couche en joue et fait feu. L'homme qui n'aurait
jamais eu peur et qui entendrait pour la première
fois un rugissement pareil à celui que poussa le lion
en ce moment, sentirait un frisson courir dans ses
veines; l'animal bondit d'une distance de quinze à
vingt pieds et vint tomber les ongles sur le canon du
fusil de chasse que le maréchal-des-logis-chef avait
eu la présence d'esprit de mettre en travers au-dessus de sa tête, il prit ce fusil entre ses dents et l'é-
erasa comme s'il eut été de plomb. le chef terrassé
par la violence du choc se trouvait la tête entre les
pattes de derrière du lion ; celui ci ne le vit point:
il regardait un brigadier qui l'ajustait et qui n'osait
faire feu de crainte de blesser le chef. Il s'élance de
nouveau, essuie le coup de feu qui ne l'atteint pas,
tombe aux pieds du brigadier et, se dressant tout de
bout, lui pose une griffe sur l'épaule et l'autre sur
la tête; c'est au moment où il ouvrait la geule pour
l'étrangler que le lion percé de huit à dix coups de
bayonnettes est tombé raide mort emportant dans ses
griffes, que le râle avait crispé, la peau du crâne (le
cuir chevelu) du brigadier; son épaule ne resta pas
dans l'autre griffe, mais on vit lorsqu'il lacha prise,
un lambeau de chair retombe tout sanglant sur son
bras. Ilen est parfaitement guéri à part les cicatrices.
Mais je crois, entre nous, que depuis lors, il est un
peu dégoûté de la chasse au lion, et moi ausi.

Paris. — Imp. Chassaignon rue Gît-le-Cœur, 7.